福建省高速公路施工标准化管理系列指南

福建省高速公路施工标准化管理指南
Fujian Sheng Gaosu Gonglu Shigong Biaozhunhua Guanli Zhinan

第七分册　工程信息化管理
Di-qi Fence　　Gongcheng Xinxihua Guanli

福建省高速公路建设总指挥部　组织编写

人民交通出版社

北 京

内 容 提 要

本书为《福建省高速公路施工标准化管理指南 第七分册 工程信息化管理》，系在现行高速公路工程信息化管理等相关标准、规范基础上，总结福建省多年来高速公路工程信息化管理实践经验编制而成。本书图文并茂地对高速公路建设项目工程信息化管理进行说明，将规范化管理、标准化施工的理念贯穿于施工管理全过程。本书对于提升各建设项目从项目立项至项目竣工期间的工程信息化管理水平有很好的指导作用。

本书适用于福建省新建、改(扩)建高速公路(含连接线)等工程，也可供其他省份相关管理与技术人员参考使用。

图书在版编目(CIP)数据

福建省高速公路施工标准化管理指南. 第七分册, 工程信息化管理 / 福建省高速公路建设总指挥部组织编写.
北京：人民交通出版社股份有限公司, 2024.12.
ISBN 978-7-114-20047-2

Ⅰ. U415.1-62

中国国家版本馆 CIP 数据核字第 20258HN118 号

福建省高速公路施工标准化管理系列指南
书　　名：	福建省高速公路施工标准化管理指南　第七分册　工程信息化管理
著 作 者：	福建省高速公路建设总指挥部
责任编辑：	师静圆　朱伟康
责任校对：	赵媛媛　魏佳宁
责任印制：	张　凯
出版发行：	人民交通出版社
地　　址：	(100011)北京市朝阳区安定门外外馆斜街3号
网　　址：	http://www.ccpcl.com.cn
销售电话：	(010)85285857
总 经 销：	人民交通出版社发行部
经　　销：	各地新华书店
印　　刷：	北京市密东印刷有限公司
开　　本：	880×1230　1/16
印　　张：	3
字　　数：	64千
版　　次：	2024年12月　第1版
印　　次：	2024年12月　第1次印刷
书　　号：	ISBN 978-7-114-20047-2
定　　价：	30.00元

(有印刷、装订质量问题的图书，由本社负责调换)

福建省高速公路施工标准化管理系列指南

编 委 会

主　　任：陈岳峰

副 主 任：潘向阳　陈礼彪

委　　员：许文章　蒋建新　黄朝光

本书编写人员

主　　编：陈礼彪

副 主 编：刘光东　林志平

参编人员：马锐华　肖建卿　王　彤　许　晟

　　　　　韦建华　林毅标　徐沈阳　王志强

　　　　　高晓影　王泽虎　李永峰　沈佳珅

主编单位：福建省高速公路建设总指挥部

　　　　　福建省高速公路集团有限公司

参编单位：福建省高速公路学会

前　言

　　2013年12月，我部组织对"福建省高速公路标准化管理系列指南"进行了第一次修编，各参建单位通过近十年的认真贯彻和执行，取得了较好的成效，有效控制了工程质量安全，提高了建设管理水平。党的十八大以来，党中央提出贯彻"创新、协调、绿色、开放、共享"五大发展理念，我国进入了高质量发展的新阶段。《交通强国建设纲要》《质量强国建设纲要》《国家综合立体交通网规划纲要》的陆续发布，开启了我国交通运输建设的新篇章。福建省也积极响应，全力开展交通强国先行区建设。根据福建省委、省政府发布的《福建省综合立体交通网规划纲要》，未来一段时间福建省高速公路将进入新一轮的建设高峰。为更好地贯彻落实交通强国、质量强国的要求，把握新发展阶段，贯彻新发展理念，构建新发展格局，全方位推动福建省高质量发展，更好地"服务发展、服务民生、服务国防建设"，推动福建省高速公路建设向更高速度、更高水平、更高质量发展，我部组织对"福建省高速公路标准化管理系列指南"进行了第二次修编。

　　本次修编是在近十年"福建省高速公路标准化管理系列指南"使用的基础上，针对使用过程中存在的问题和不足，结合最新的标准、规范、规程，以及交通运输部关于创建绿色公路、平安百年品质工程等工作要求，吸纳已广泛应用的新技术、新工艺、新材料、新设备等和其他省（区、市），以及铁路、市政、建筑等行业可借鉴的经验做法，体现了新时代福建省高速公路建设管理"标准化、均质化、工业化、智能化、绿色化"的具体要求。修编后的"福建省高速公路施工标准化管理系列指南"共七个分册，包括工地建设、路基工程、路面工程及交通安全设施、桥梁工程、隧道工程、生态保护与恢复、工程信息化管理。其中"工程信息化管理"分册为此次新增分册。

　　本书为第七分册"工程信息化管理"，系统吸收了我部历年发布的信息化相关指导文件精神，以及省内外项目经验，对福建省高速公路工程信息化建设内容、前期准备工作、信息化建设要求、日常管理等工作做了详细规定，旨在更清晰、高效地指导新建项目开展工程信息化管理工作，促进标准化、均质化、工业化、智能化和绿色化建造目标的实现。

福建省高速公路建设总指挥部
2024年12月

目　录

1 总则 ··· 1
　1.1 目的及范围 ··· 1
　1.2 编制依据 ··· 1
　1.3 总体要求 ··· 1
　1.4 章节划分 ··· 3
2 信息化建设内容 ·· 4
　2.1 项目级信息化管理平台 ·· 4
　2.2 工地物联网采集系统 ··· 4
　2.3 项目级专业化系统 ·· 11
　2.4 数字模型建设 ··· 15
3 前期准备工作 ··· 17
　3.1 信息化规划 ··· 17
　3.2 实施方案编制 ··· 17
　3.3 一体化平台账号开通 ··· 17
　3.4 项目基础数据录入要求 ··· 18
　3.5 采购管理要求 ··· 18
4 信息化建设要求 ··· 19
　4.1 硬件设施建设要求 ··· 19
　4.2 系统软件建设要求 ··· 20
　4.3 内容服务类业务 ··· 21
5 日常管理 ··· 22
　5.1 组织建设 ··· 22
　5.2 制度建设 ··· 22
　5.3 学习培训 ··· 22
　5.4 日常应用 ··· 23
　5.5 预警处理 ··· 25

5.6	日常维护	25
5.7	突发事件处置	25
5.8	监督考核	26
5.9	设备下线申请	26
5.10	数据归档	27
附录 A	建设一体化平台及项目自建子系统界面划分	28
附录 B	远程视频监控系统建设要求	32
附录 C	工地实验室设备改造联网配套业务软件的基本要求	34
附录 D	桥梁构件信息表格式	36
附录 E	桥梁构件二维码信息编号规则说明	38

1 总则

1.1 目的及范围

1.1.1 为落实福建省高速公路施工标准化管理要求,规范高速公路建设项目工程信息化管理,提升各建设项目从项目立项至项目竣工期间的工程信息化管理水平,实现信息化工作与主体工程同步规划、同步采购、同步建设、同步考核,编制本指南。

1.1.2 本指南适用于福建省新建、改(扩)建高速公路(含连接线)等工程。

1.2 编制依据

1.2.1 国家、交通运输部以及相关行业协会等发布的工程建设信息化相关文件、标准、规划、规程和指南等。

1.2.2 福建省交通运输厅、福建省高速公路建设总指挥部(以下简称"省高指")关于高速公路工程建设的相关文件要求。

1.3 总体要求

1.3.1 福建省高速公路建设监管一体化平台(以下简称"一体化平台")按数据采集层、数据存储层、项目管理层、监管应用层的架构设计,如图1.3.1所示。其中,数据采集层负责收集与监管相关的数据,数据来源于项目参建单位的人工数据采集、物联网数据采集和生产系统采集;数据存储层负责存储和管理与监管相关的各类基础数据、业务数据、主题数据、GIS(地理信息系统)数据和BIM(建筑信息模型)数据及其他数据等;项目管理层主要服务于项目建设单位的各类项目管理业务,实现工程管理业务信息化;监管应用层服务于省高指、市高速公路建设总指挥部(以下简称"市高指")等建设单位管理部门,实现工程监管业务信息化。各层软硬件系统均需遵循国家相关规范及本指南约定的数据接口要求及信息安全要求。

1.3.2 围绕一体化平台架构设计,各参建单位职责分工如下:
1 省高指负责组织制定福建省高速公路建设工程信息化管理的规划、政策、标准和框架;组织建设和升级一体化平台并作为落实信息化工作的载体,对一体化平台应用进行管理、指导、协调、监督和考核,适时通报应用情况。

2 设区的市高指负责统筹本辖区内高速公路建设工程信息化管理。对本辖区内各项目一体化平台应用进行组织、指导、协调和监督考核,适时通报应用情况。

3 项目建设单位为本项目工程信息化管理主体责任单位,负责制定本项目范围内的工程信息化管理工作方案,并组织实施和监督落实。

4 施工单位负责一体化平台在本合同段的具体应用,承担本合同段数据采集、上传和预警处理主体责任。

5 监理单位负责一体化平台在本合同段的具体应用,并监督本合同段监理对象的一体化平台应用情况,落实日常监管责任。

6 试验检测单位负责一体化平台在本合同段的具体应用,承担本合同段数据质量及预警处理主体责任。

7 其他参建单位负责一体化平台在本合同段的具体应用,承担本合同段数据质量及预警处理主体责任。

8 一体化平台技术服务单位负责一体化平台的开发、运维、培训、技术支持等工作;配合省高指制定一体化平台统一数据标准与接口规范,并在省高指指导下向各专业化系统技术服务商开放接口。

9 各专业化系统服务单位按照合同规定完成系统开发、运维、培训、技术服务等工作,保障专业化系统各功能模块正常运行,并完成与一体化平台的对接,及时将预警信息推送至相关责任人。

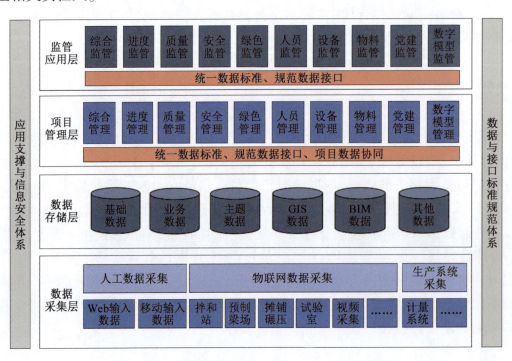

图 1.3.1 福建省高速公路建设监管一体化平台架构图

1.4 章节划分

本指南共 5 章,分别为总则、信息化建设内容、前期准备工作、信息化建设要求、日常管理。

2 信息化建设内容

2.1 项目级信息化管理平台

2.1.1 建设单位应对一体化平台已经提供的基础功能进行继承和复用,并可结合实际需求,按照本指南附录 A 的要求,拓展建设本项目建设监管一体化平台。

2.1.2 项目级信息化管理平台应按"项目名称+建设监管一体化平台"规范格式命名。

2.1.3 项目建设单位应配备项目级平台运行所需的机房、服务器、监控屏幕及网络等配套设施。各应用单位应配备满足一体化平台使用所需的计算机、手机、平板及相关的附属设备和设施。机房、机柜及内部设备示意见图 2.1.3。

图 2.1.3 机房、机柜及内部设备示意图

2.2 工地物联网采集系统

2.2.1 应建设远程视频监控系统,并接入质量管理模块,实现对梁场、钢筋加工厂、混凝土拌和站、沥青拌和站、特大桥、特殊结构桥、长隧道及地质较差的隧道进出口、工地试验室等实时视频监控(图 2.2.1-1 和图 2.2.1-2),视频监控技术参数应符合本指南附录 B 的要求。

图 2.2.1-1 远程视频监控系统界面

图 2.2.1-2 监控摄像机安装示意图

2.2.2 应建设智慧试验室管理系统,并接入质量管理模块,实现对工地试验室及中心试验室试验原始数据的采集、分析及报告管理等功能,并符合下列要求:

1 工地试验室参与改造的试验机至少应包含1000kN或600kN万能试验机、2000kN压力试验机、300kN压力试验机、针入度仪、延度仪、软化点试验仪、马歇尔稳定度试验仪等类型。

2 工地试验室的万能试验机、压力试验机和抗折试验机、针入度仪、软化点试验、延度仪和马歇尔稳定度试验仪应具备恒加荷、应变加载等自动控制采集功能,并能进行联网。凡进行联网的试验机需经过省级法定计量机构检定并符合现行《拉力、压力和万能试验机检定规程》(JJG 139)中Ⅰ级精度的要求,并取得检定证书。针入度仪、延度仪、软化点试验仪、马歇尔稳定度试验仪等,应取得检定证书。

3 工地试验室数据管理系统软件应符合本指南附录C的要求。

4 工地试验室试验数据应即时传输至省高指一体化平台,不得有任何修改、截留、泄露各种试验数据的行为。

  5 试验室的互联网接入带宽应达到2M以上的ADSL或城域网Lan。

  6 工地试验室数据管理系统应至少确保钢筋原材、钢筋焊接与机械接头等拉伸试验，水泥、砂浆、喷射混凝土、混凝土、混凝土芯样等抗压试验，沥青针入度、软化点、延度试验，以及沥青混合料稳定度、流值等试验项目能够做到试验数据实时上传及自动化处理，并根据实际需要拓展自动化处理参数。

  7 改造后的试验机应重新申请计量部门的专门检定；新购设备可先改造，再进行检定。施工、检测单位要积极配合技术服务单位做好此项工作。

  8 改造后的试验机自动生成的试验报告格式应与质检部门要求的现行试验报告格式一致。

2.2.3 应建设混凝土拌和站数据监控系统，并接入质量管理模块，实现对各盘混凝土集料实际配合比及生产数据的实时监控、偏差分析和预警管理，并符合下列要求：

  1 应选择具有合理量程、精度、信噪比、抗干扰性和稳定性的设备，在使用期间定期进行校准标定，确保系统发挥长效监控作用。

  2 应能实时采集各种原料的实际投放质量，获取混凝土水胶比、最小水泥用量两个控制指标，其中质量偏差阈值根据现行《公路桥涵施工技术规范》（JTG/T 3650）确定。

  3 监控数据应基于前端传感器原始信号，如实反映混凝土生产信息，严禁篡改。

  4 应根据超限情况实时将超限信息通知施工管理人员和监理，每周自动将预警比例过高的拌和站信息反馈给建设单位管理人员。

  5 应支持不同管理层级统计报表输出，内容涵盖统计期间混凝土总产量、超限产量、超限指标及对应超限次数、各指标超限百分比等统计值。

  6 应具备自主检测系统故障功能，便于管理人员实时掌握系统运行状态，及时联系技术服务商修复系统。

  7 数据格式设置规则：工程名称填写单位工程，如：×桥、×隧道；施工部位填写分部工程和分项工程，如桩号+水沟、×号墩左幅盖梁；混凝土强度填写设计强度，如C30；时间精确到秒。

  8 混凝土拌和预警采用分类分级预警方式，集料、水泥、粉煤灰、外加剂等按不同标准分初级、中级、高级预警，并分级推送信息至施工单位、总监办、项目建设单位相关责任人。具体预警规则详见表2.2.3。

表2.2.3 混凝土拌和预警规则

类别	初级预警(%)	中级预警(%)	高级预警(%)
集料	3≤|偏差|<5	5≤|偏差|<8	8≤|偏差|
水泥、粉煤灰、外加剂	2≤|偏差|<4	4≤|偏差|<6	6≤|偏差|

注：偏差=(实际用量−生产配合比量)/生产配合比量×100%。

2.2.4 应建设预应力张拉数据监管系统,并接入质量管理模块,实现对各梁片预应力张拉数据的实时监控、分析和预警管理,并符合下列要求:

1 预应力智能张拉设备应不受人为因素干扰,张拉全过程按规范要求自动完成,还应具备联网、张拉数据实时上传等功能;预应力张拉数据监管系统对张拉施工进行远程同步管理,实时存储张拉施工数据,不合格数据实时预警,提供历史数据的查询、统计分析等,与一体化平台实时对接。

2 预应力智能张拉设备应选择已通过有相关资质部门的检验和鉴定,并在高速公路施工实践中质量稳定、数据可靠的产品,确保实现"实时跟踪、智能控制、及时纠错"的技术要求。

3 数据格式按此规则填写:梁型填写×米×梁×跨×梁,如30m T梁中跨边梁;桥梁梁片号须与梁片二维码编号一致;采集时间为一体化平台收到数据时间;混凝土强度填写具体设计强度,如C50;时间精确到秒。

4 预应力智能张拉设备应采用一体机(油泵、参数输入、操作控制、数据存储及无线传输等集成在一台设备)或油泵+控制箱(集成参数输入、操作控制、数据存储及无线传输)形式的智能张拉设备,无须外接计算机进行张拉控制和数据存储传输;应具备3G/4G或蓝牙、WiFi等无线即时传输功能;应具备本机数据库存储与查询功能,满足所有梁片张拉数据存储要求,便于核查、统计和分析。预应力张拉数据监测设备及系统如图2.2.4所示。

图2.2.4 预应力张拉数据监测设备及系统示意图

5 张拉力误差范围应控制在±1.0%以内,各千斤顶之间同步张拉力误差应控制在±2%以内;伸长量和自动校核误差应控制在±6%范围内。超标预警同时推送至施工单位、总监办、项目建设单位相关责任人。

6 预制梁场网络及通信应保持顺畅,信号不好的预制场应结合远程视频监控网络进行改造和加强,实现无线或有线网络全覆盖。

2.2.5 应建设路面施工过程管控系统,并接入质量管理模块。实时采集和分析沥青拌和、运输、摊铺、碾压全过程数据,指导现场施工质量控制,并符合下列要求:

1 应选择具有合理量程、精度、信噪比、抗干扰性和稳定性的设备,在使用期间,定期对沥青拌和站传感器进行校准标定,确保系统发挥长效监控作用(图 2.2.5-1)。

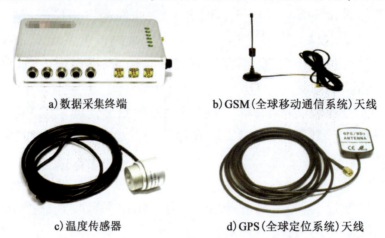

图 2.2.5-1 监测传输设备及感知设备

2 应能实时采集矿料级配、沥青用量、拌和温度、拌和时间、运输时间、摊铺轨迹、摊铺温度、碾压轨迹等数据并自动实时预警(图 2.2.5-2)。分阶段统计各沥青拌和站生产总量,进行合格率分析。

图 2.2.5-2 沥青拌和监测上传数据示意图

3 监控数据应基于前端传感器原始信号,如实反映沥青混凝土生产、运输、摊铺和碾压信息,严禁篡改。沥青摊铺监测传感器设备安装位置示意如图 2.2.5-3 所示。

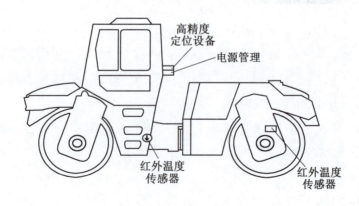

图 2.2.5-3

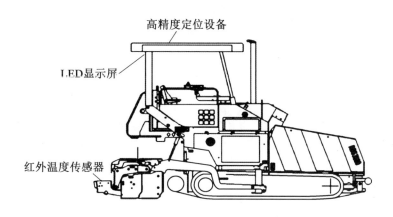

图 2.2.5-3　沥青摊铺监测传感器设备安装位置示意图

4　应根据超限情况实时将超限信息按预警分组管理原则通知施工、监理、建设单位等管理人员，系统后台具备超标数据记录查询功能。

5　应支持不同管理层级统计分析，内容涵盖统计期间沥青混凝土总产量、超限产量、超限指标及对应超限次数、各指标超限百分比等统计值。

6　应支持在主流移动设备上跨平台运行，实现全天候实时动态监管，达到监控全覆盖目标。

7　数据格式。施工部位填混合料类型，如：ATB25、AC20 或 AC16；沥青混合料拌和时间采集精度精确到秒。

8　沥青混合料拌和预警采用分类分级预警方式，各集料按不同标准分初级、中级、高级预警，并分级推送信息至施工单位、总监办、项目建设单位相关责任人。沥青混合料拌和预警标准见表 2.2.5。

表 2.2.5　沥青混合料拌和预警标准

类别	初级预警(%)	中级预警(%)	高级预警(%)
0~2.36mm 集料	4(3)≤|偏差|<5(4)	5(4)≤|偏差|<6(5)	6(5)≤|偏差|
其他各档集料	掺配比例≤15%的，8(7)≤|偏差|<10(9)； 15%＜掺配比例≤20%的，7(6)≤|偏差|<9(8)； 掺配比例＞20%的，6(5)≤|偏差|<8(7)	掺配比例≤15%的，9(8)≤|偏差|<11(10)； 15%＜掺配比例≤20%的，8(7)≤|偏差|<10(9)； 掺配比例＞20%的，7(6)≤|偏差|<9(8)	掺配比例≤15%的，10(9)≤|偏差|； 15%＜掺配比例≤20%的，10(9)≤|偏差|的； 掺配比例＞20%的，9(8)≤|偏差|
沥青	3≤|偏差|<3.5	3.5≤|偏差|<4	4≤|偏差|
矿粉、外加剂	6≤|偏差|<7	7≤|偏差|<8	8≤|偏差|

注：偏差 =（实际用量 − 生产配合比量）/生产配合比量×100%，括号内数值适用于 SMA 混合料。

2.2.6　危险性较大工程专项评估方案确定要开展重要风险源监控、监测的，应将监测及预警数据接入一体化平台安全管理模块。危险性较大工程分类执行现行《公路工程施工安全技术规范》(JTG F90)。

2.2.7 长隧道、特长隧道及地质复杂隧道施工应建设隧道安全监控系统(图2.2.7),并接入安全管理模块,实现安全步距监测、人员定位、出入口人员门禁、车辆门禁、气体监测、语言广播预警等信息化管理。

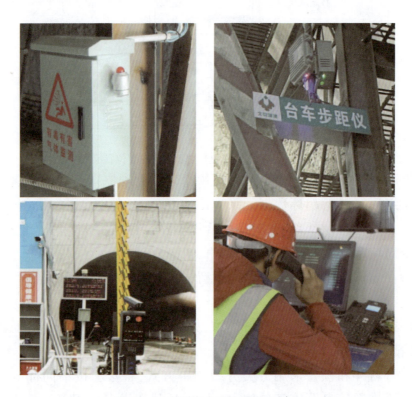

图2.2.7 隧道安全监控系统示意图

2.2.8 临近居民区及生态保护区施工场所宜对扬尘、噪声、水质、尾气、能耗等进行自动化监测,并接入绿色管理模块。环境监测数据展示界面示意如图2.2.8所示。

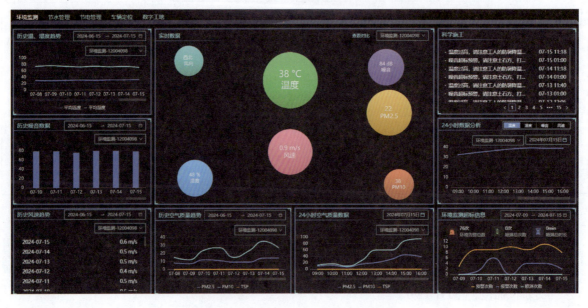

图2.2.8 环境监测数据展示界面示意图

2.2.9 鼓励利用信息化技术加强对其他工程应用场景的物联网数据采集,相关场景可参考本指南附录 A 中的可选项。

2.3 项目级专业化系统

2.3.1 应使用合同计量管理系统,并接入综合管理模块。实现合同登记、合同清单、计量管理、支付管理、支付报表、变更管理、概预算执行、工程决算、材料调差、统计分析等业务信息化管理,并符合下列要求:

  1 应满足本项目涉及的各专业领域计量管理需要(土建、房建、机电、绿化、交通安全设施等)。

  2 应能适应本项目建设管理模式(施工承包模式、设计施工总承包模式、基金建设模式、社会投资人模式等)的需要。

  3 应符合福建省高速公路建设管理计量规则。

  4 应具有动员预付款的申报及自动扣回计算功能。

  5 应具备工程计量零号台账管理及台账变动调整的数据追溯功能,能生成各类计量管理台账数据报表。

  6 应具备超计、漏计、数据审批改动等提醒功能,以及多岗位审批数据的查询功能;支持计量项目全链条数据的查询和统计应用功能。

  7 应支持合同清单、零号台账、中间计量、变更清单、奖罚信息、结算信息、决算信息等全过程数据链的分析应用。

  8 应确保生成的各类计量数据报表的勾稽关系和数据正确,支持快速定制符合项目上的报表签字要求,确保系统稳定运行。

2.3.2 宜使用质检资料管理子系统,并接入综合管理模块,实现质检资料管理台账、首件分析、试验管理、质量检验、质量评定等业务的信息化管理。

2.3.3 宜使用协同办公系统,实现项目参建单位之间的收文管理、发文管理、公文调阅、通知公告、公文交换、统计分析等功能(不包括各单位用于内部公文流转的 OA 功能)。

2.3.4 应使用二维码管理系统并粘贴实体二维码,实现桥梁预制梁片、桥梁支座、桥墩及伸缩缝等结构物设计及生产信息的数字化存储和传递,并符合下列要求:

  1 二维码生成、更新、审核、查询和权限控制等软件功能使用一体化平台提供,二维码实体的制造和粘贴由各建设单位负责。

  2 二维码存储内容包含相关责任主体、构件属性、施工信息及设计图纸 4 个部分,存储平台应根据构件施工工序及时补充相关信息,确保按规定格式如实呈现。二维码应动态存储"预制梁片信息表""桥梁支座信息表""桥梁伸缩缝信息表"所示内容,详见本指南附录 D。

3　应按照本指南附录 E 规则进行统一编码,确保各构件编号唯一性。

4　同一盖梁上所有支座或伸缩缝信息集成到一个二维码铭牌中,并按照本指南附录 E 规则编号。

5　二维码标识应印刷或雕刻在 12cm(宽)×15cm(高)的铝片上,并做好耐久性处理(图 2.3.4-1)。

6　二维码标识内容自上而下由桥梁名称、福建高速 Logo、二维码、编号等组成,具体各区域尺寸、位置、颜色、字体等可在一体化平台的二维码子系统中查看、下载。二维码铭牌安装位置示意如图 2.3.4-2 所示。

图 2.3.4-1　二维码铭牌示意图　　　图 2.3.4-2　二维码铭牌安装位置示意图

7　二维码标识牌按样式要求统一标准制作,使用高端激光机切割,四角设置圆形倒角,要求无毛刺、平整;正面使用环氧底漆,加涂防护面漆,避免出现掉漆;二维码应使用丝网印,不能使用 UV 打印。

8　各构件二维码粘贴部位应充分考虑检视便捷性。其中,预制梁片二维码铭牌应粘贴于车流前进方向腹板端部;桥梁支座二维码铭牌应粘贴于安放支座的盖梁侧面中部;桥梁伸缩缝二维码铭牌应粘贴于安装伸缩缝的桥台背墙或盖梁侧面;桥墩二维码铭牌应粘贴于距离地面 1.5m 处,行车方向侧。

9　所有二维码标识牌需使用黏度强、防霉、无腐蚀、抗老化等特性胶水进行粘贴。

2.3.5　应按照《福建省高速公路混凝土预制梁智能建造指导意见》为具备条件的梁场应建设智慧梁场管控系统(图 2.3.5),并接入一体化平台,实现预制生产及管理全方位、全过程信息化实时监控,实现主要生产工序的智能化管控,并符合下列要求:

1　智能预制场流水线上的各设备宜通过管控系统进行控制或实时监测生产状态,包括但不限于混凝土搅拌站、钢筋数控加工、钢筋绑扎与焊接、自行式台车、液压模板、混凝土布料机、混凝土振捣、蒸汽养生、智能张拉和压浆等。

2　鼓励梁片的工前及工后质量检测采用先进的自动检测、数据实时上传的检测设备。对梁片的混凝土强度、长度、宽度、高度、断面尺寸、起拱度及钢筋间距、保护层厚度等各项质量指标进行自动化检测和判定,并将结果实时上传至一体化平台。

图 2.3.5　智慧梁场管控系统界面

3　应能根据智能预制场的生产能力、生产计划对生产任务进行编排和调整,倒推出所需要的各种原材料供应计划,指导相关原材料的采购和生产。

4　应能对生产数据进行统计,汇总统计展示梁片的历史生产情况,展示梁片生产进度等信息。

5　应具备检测质量信息自动化采集功能,包括原材料试验数据、生产过程质量检测数据和成品质量检测数据。

6　应具备质量信息自动分析预警功能,对于质量控制参数超出阈值范围、成品质量偏差超过预设目标范围或存在质量变化趋势时应及时发出预警,提示分析原因并处置。

7　对智能预制场、物料堆放区、重点机械设备、重要施工过程应实行全天候实时高清网络视频监控。

8　鼓励对智能预制场大型机械设备、大型结构物、易燃易爆区域设备及环境的关键参数进行监测,并设置相应安全预案,一旦监测到设备危险故障及火灾等,及时发布安全预警。

9　鼓励在智能预制场进出口设置生物特征识别门禁系统,在场内危险区域设置 AI 识别系统,对人员异常闯入进行预警,通过采用智能安全帽或其他安全帽智能识别技术对人员安全防护进行监管。

10　鼓励采用其他安全提升技术手段,做到对施工现场全过程的监督,防止违章作业,及时发现和排除安全隐患。

11　每个梁片应有唯一的出厂编码(二维码),对其生产过程涉及的所有档案资料进行数字化采集和存储,做到每个梁片的生产时间、原材料信息、施工人员、机械设备、生产过程环境、成品质量、梁片去向等信息均可追溯。二维码应粘贴在梁片端部腹板处。

12　鼓励对设备的能耗、噪声、粉尘、排水水质、运输车辆消洗情况进行自动化监测,并对超标的参数进行预警。

13　鼓励采用数字孪生、BIM 数据可视化等技术,对智能预制场各组成结构、机器设备构建数字化孪生模型。

14　应在预制场合适位置设置一处管控中心,对预制场生产的全过程进行智能化管控,配备相应的大型显示屏、计算机、操控台等设备,将采集的各类生产动态数据进行融合与分析,与数字孪生模型进行融合展示,直观了解智能预制场的各类实时状态、任务进展、绩效、安全、质量、环境能耗等各类信息,实时掌握梁片生产情况。

15　应在预制场内的关键区域如蒸养室、生产区等悬挂显示屏,显示生产过程的关键信息。

16　宜采用门禁系统+考勤系统+实名制系统相结合的方式,建立人员管理系统,将工人、特种设备操作人员、管理人员、外来访客及其他临时人员等所有人员进行管理,实现人员实名制、考勤、门禁、监控、信息发布等智能化综合管理。

17　应对智能预制场人员进行实名制登记注册,包括姓名、性别、年龄、身份证、电话、登记照片、工种、所属单位等,并将人员信息纳入智能管控系统,进行智能化管理。

18　宜对智能预制场工人和管理人员实行考勤管理,与实名制系统进行联动,登记人员上下班的时间,完成每天的考勤登记。通过进出现场考勤信息收集当天工作人员的到岗情况,系统可提供人员考勤表、劳务人员出勤记录表等统计信息。

19　人员的安全、技术交底及教育可通过人员管理系统实现。可在预制场显著位置设置信息板,将生产过程中出现的问题显示在信息板上,在每天班前交底时作为重要内容对工人进行交底,及时整改到位。

2.3.6　应使用平安工地管理系统,接入安全管理模块,开展项目危险源管理、特种设备管理、安全会议、安全培训、安全经费、安全内业管理、安全检查等业务。平安工地管理系统界面如图 2.3.6 所示。

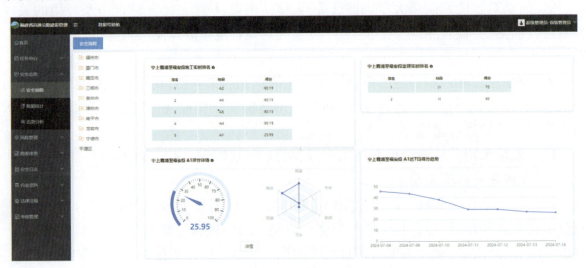

图 2.3.6　平安工地管理系统界面

2.3.7 主要施工设备应粘贴设备二维码,记录设备信息,可结合实际管理需求安装设备电子标签。二维码制作参数参考本指南第2.3.4条。

2.4 数字模型建设

2.4.1 国家高速公路项目在设计阶段应提交BIM设计成果,其他高速公路宜根据实际需要开展BIM模型建设,宜开展基于BIM模型的施工精细化管理。BIM模型示意如图2.4.1所示。各阶段BIM模型应符合下列要求:
  1 初步设计成果模型深度应达到L2.0精细度。
  2 施工图设计模型深度达到L3.0精细度。
  3 施工准备模型深度达到L3.5精细度。
  4 施工过程模型(交工时)深度达到L4.0精细度。
  5 竣工验收模型深度达到L5.0精细度。
  6 各阶段提交模型应在提交原始模型格式基础上,同时提交通用格式(如IFC、OBJ、FXB、OSGB等)的模型成果文件。

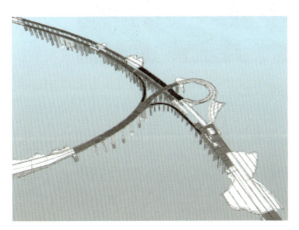

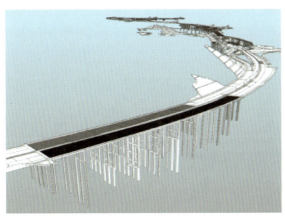
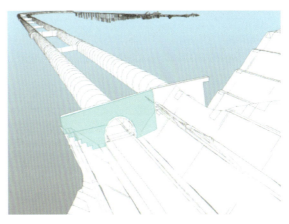

图2.4.1 BIM模型示意图

2.4.2 宜在项目开工前对原始地貌开展三维空间数据采集,形成三维影像地图,如

图 2.4.2 所示,同时上传数字模型模块,为进度、质量、安全等业务进行可视化管理提供基础,并符合下列要求:

1 对以路基中线为轴向两侧延伸 200m 宽度的范围进行采集,且对其他红线控制区内及四集中施工场地全覆盖。

2 采集成果的地面分辨率不低于 3cm,平面误差不低于 0.25m,高程误差不低于 0.15m。

3 三维数据输出格式为 OSGB。

图 2.4.2 三维地貌示意图

2.4.3 宜在项目交工前,按照本指南第 2.4.2 条技术要求,对项目完工后的状态开展三维空间数据及高精地图采集。

3 前期准备工作

3.1 信息化规划

3.1.1 各项目在概算编制阶段应测算本项目信息化投入概算。概算中的信息化费用应至少满足监管一体平台基本项建设要求及配套建设的硬件、项目级配套建设的专业子系统建设和标准化要求。

3.1.2 项目信息化建设及维护工作应单独设置一个信息化合同段,明确信息化工作范围、建设内容。

3.2 实施方案编制

3.2.1 项目建设单位应编制本项目信息化管理实施方案,应包括项目概述、现状及需求分析,与省级监管平台界面划分,建设目标,主要建设内容,建设技术方案,软硬件技术参数要求,项目实施组织,实施计划,风险与效益分析等内容。

3.2.2 信息化实施方案编制可考虑永临结合需求,对于与运营单位对接运营期有利用价值的监控视频、基础设施、通信设施、电力设施等,可按不低于机电施工图标准进行建设。

3.2.3 项目信息化实施方案应由建设单位组织专家进行评审,并邀请市高指及省高指代表参会,经评审通过后上报市高指,由市高指审核后报备省高指。方案审查应在开工前3个月完成,报备工作应在信息化采购前完成,作为后续信息化工作考核依据。

3.3 一体化平台账号开通

3.3.1 建设单位应在项目公司成立后申请开通本项目管理员账号,获得相应功能权限,由管理员为各参建单位主要人员开通账号。一体化平台各级用户管理执行如下规定:

　　1 新开工项目及设区的市高指的管理员账号开通及变更需向省高指提出申请,经审核后开通。项目参建单位的用户账号由各参建单位向项目建设单位申请,经项目建设单位审核后由项目管理员开通并赋予相关权限。其他使用单位内部员工的账号由本单位管理员负责开通,并按角色赋予除管理员权限之外的相关权限。

  2 一体化平台用户的账号均采用实名制,密码由用户本人掌握。用户因工作变动后,应及时通知系统管理员暂停或注销其账号。

  3 新用户或用户角色发生变更后,为其开通账号或变更角色的管理员需指导用户仔细阅读《用户操作手册》。

3.4 项目基础数据录入要求

  3.4.1 项目批复后应将项目名称、规模、计划开工等信息录入一体化平台。基础数据录入及更新工作,由建设单位负责。

3.5 采购管理要求

  3.5.1 新开工项目土建路基、路面及机电等工程招标文件应将一体化平台应用作为必须的工作予以载明。

  3.5.2 项目建设单位在土建工程招标前,应同步启动信息化采购。

  3.5.3 项目建设单位应按实施方案、福建省高速公路工程电子招标示范文本(建设信息化部分)及省高指历年发布的信息化相关文件要求,编制招标文件,上报市高指审批。招标文件应涵盖所有文件要求及实施方案内容,避免出现遗漏、需要补充采购的情况。

4 信息化建设要求

4.1 硬件设施建设要求

4.1.1 信息化相关设施建设前应开展技术准备,对相关子系统建设的现场安装环境进行勘查。勘查要点清单详见表4.1.1。

表4.1.1 建设前勘查要点清单

序号	勘查项	勘查内容及要求
1	设备间建设地点现场勘查	机房可用空间面积应不小于$8m^2$,高度不低于2.5m。拥有独立的空调系统。机房取电应考虑施工方便,供电稳定。机房接地系统宜采用综合接地方案,综合接地电阻应小于4Ω
2	视频监控地点现场勘查	对点位附近的取电、网络接入、自然环境、施工条件、监控视野进行调查,为后期施工做基础工作。室外点位选取应考虑取电方便,距离网络接入点较近,土质坚硬便于立杆,线路经过处不影响土建施工,监控视野无遮挡,可以覆盖监控界面。室内点位选取应考虑室内高点,安装位置稳定,不影响现场作业,监控视野无遮挡
3	工地试验室现场勘查	了解试验室设备品牌型号、厂家信息、系统功能、是否具备数据接口。了解试验室驻地的基本情况、是否具备数据采集服务器、是否有运营商宽带接入
4	混凝土拌和站现场勘查	了解拌和站设备品牌型号、厂家信息、系统功能、是否具备数据接口。了解拌和站的基本情况,是否有运营商宽带接入,设备是否已经调试完毕
5	梁场现场勘查	了解预应力张拉设备品牌型号、厂家信息、系统功能、是否具备数据接口。了解梁场的基本情况,是否有运营商宽带接入、设备是否已经调试完毕
6	沥青拌和站现场勘查	了解拌和站设备品牌型号、厂家信息、系统功能、是否具备数据接口。了解拌和站的基本情况、是否有运营商宽带接入,设备是否已经调试完毕,为后续数据采集接入做好工作
7	其他物联网采集点现场勘查	了解生产设备的基本信息、系统功能、是否具备数据接口。了解现场的基本情况、是否有运营商宽带接入,设备是否已经调试完毕,为后续数据采集接入做好工作

4.1.2 信息化相关设施建设过程管理应符合下列要求:

1 信息化施工单位应根据现场勘查的情况,结合建设单位的要求,编制《施工组织实施方案》及《数据采集对接方案》,并提交建设单位报批,建设单位应同时将《数据采集对接方案》报备省高指和市高指。

2 设备到货后须先提交设备报验,方能进场。施工单位提交设备报验申请、货物清单、产品合格证等报验材料,由建设单位进行确认。

3 设备安装前,信息化施工单位应对设备进行自检。

4 新开工项目试验室资质报批前,应先完成数据采集监测设备安装联网工作。

5 新开工项目混凝土拌和站、沥青拌和站在标定完成后,应通知相关厂家安装数据采集监测设备。

6 预应力张拉设备应安装数据采集监测设备并经过测试,满足生产要求后方可进行验收。

4.1.3 安装调试与接口联调应符合下列要求:

1 设备调试应由专业技术人员担任,相关参建单位应派人配合调试。

2 数据采集应先在本地进行验证,应按一体化平台接口规范实现对接联调,数据质量应满足一体化平台数据规范要求。对于无法达到要求的生产设备,标段施工单位应配合整改,直到满足要求为止。

3 数据满足上传要求之后,由标段施工单位向建设单位提交申请,由建设单位确认后正式开始上传数据。数据上传之前应将之前的调试数据予以清理。

4.1.4 成果验收应符合下列要求:

1 设备安装完毕并具备启用条件之后,信息化施工单位应安排专业人员对标段建设单位进行培训,对系统的日常使用、维护、常见问题排查等对相关参建单位进行交底。

2 系统应稳定运行满三个月,并且数据上传符合一体化平台数据质量要求后方可进行验收。

3 配套设施实施单位需提交项目验收文档材料,并按照验收程序进行验收。

4.2 系统软件建设要求

4.2.1 相关系统在实施前应进行充分的软件需求调研工作,并形成需求调研报告,由建设单位进行。

4.2.2 子系统宜部署到福建省高速公路数据中心。

4.2.3 专业化系统安全防护措施应满足下列要求:

1 系统部署在福建省高速公路数据中心,应遵守数据中心相关安全规定。

2 部署在云端或者项目本地机房,应做好数据安全和网络安全工作。

3 系统应按有关规范要求与一体化平台实现对接与融合应用。

4 系统用户密码不能使用弱密码,密码应8位以上,并且同时含有数字、英文和符号。管理员密码应定期更换。

  5 系统权限严格按照用户职责进行分配,对与系统无关的人员不应开通访问权限。

4.2.4 系统部署完成后应进行系统功能测试,系统功能测试应由专业技术人员执行,系统在正式应用前应向建设单位提交完整的功能测试报告。

4.2.5 系统正式应用前,信息化实施方应安排专业人员对用户进行使用培训。

4.2.6 专业化系统应在稳定运行满三个月,且数据能够归集到一体化平台后,方可进行验收。

4.3.7 专业化系统实施单位需提交项目验收文档材料,并按照验收程序进行验收。

4.3 内容服务类业务

4.3.1 视频、BIM 模型、无人机航拍影像图、无人机倾斜摄影三维影像地图等完成后,应移交建设单位并保存到项目平台,并做好备份工作。

5 日常管理

5.1 组织建设

5.1.1 一体化平台应用单位应根据本单位的机构设置及岗位职责,把一体化平台各类业务数据填报的工作责任落实到部门、到岗位,并进一步落实到具体人员。

5.1.2 各应用单位应配备至少一名专职的系统管理员,负责维护、管理本单位及所管辖单位的一体化平台应用情况,按时完成上级管理单位布置的各项任务,检查本单位和所管辖单位的应用实效,收集一体化平台使用过程中出现的问题并上报上一级管理单位系统管理员。

5.1.3 系统管理员应为本单位正式员工,熟悉高速公路建设管理工作,具有较强的政治思想觉悟和工作责任心,上岗前参加过一体化平台管理员工作的专门培训且成绩合格。

5.1.4 系统管理员不得随意更换,如需更换,应征得上一级管理单位系统管理员的同意和备案。

5.2 制度建设

5.2.1 项目建设单位应在《福建省高速公路一体化平台使用管理办法》的基础上,制订更加详尽并切实可行的管理细则,在路段内宣贯实施。管理细则应包括职责分工、数据审核、信息填报、人员培训、数据分析、预警处置和检查考核制度等内容。

5.3 学习培训

5.3.1 建设单位应组织本项目参建人员开展一体化平台使用培训,培训方为一体化平台技术支持单位,培训内容及人员要求见表5.3.1。

表 5.3.1　一体化平台培训内容及人员要求

培训名称	培训方	参训人员
监管类功能培训	平台技术支持单位	项目建设单位全体人员,总监及项目经理
各级系统管理员培训	平台技术支持单位	项目建设单位及参建单位系统管理员
计量相关基础数据管理	平台技术支持单位	项目建设单位及施工、监理计量相关人员
农民工工资管理	平台技术支持单位	项目建设单位及施工、监理劳务管理相关人员
物资及进度管理	平台技术支持单位	项目建设单位及施工、监理设备、物料、进度管理相关人员
质量管理模块培训	平台技术支持单位	项目建设单位及施工、监理质量管理相关人员
工地党建模块	平台技术支持单位	负责工地党建建设相关人员
安全管理	平台技术支持单位	项目建设单位、监理及施工单位安全管理员,具有一岗双责的工程技术人员
机电工程管理	平台技术支持单位	项目建设单位机电业代、机电监理及机电标全部管理人员
各专业化系统	专业化技术服务商	项目建设单位、监理、施工单位相关人员
各数据采集系统	专业化技术服务商	项目建设单位、监理、施工单位相关人员

5.4　日常应用

5.4.1　一体化平台的各用户应在规定时间内录入(或提交)、审核(或核准)、审定(或批复)相关业务数据。未按规定及时录入的数据,原则上不允许补填,如必须补填,或遇特殊情况(如遇服务器遭受攻击或网络病毒等)需要录入过期数据,应报省高指系统管理员(或授权项目建设单位的系统管理员)批准并专门授权有关操作。

5.4.2　项目动态数据的录入与更新应满足及时性、准确性和完整性。

5.4.3　综合管理类数据的管理应符合下列要求:
1　项目原则上应使用与一体化平台配套的计量管理子系统开展计量工作。对于无法使用的特殊情况,施工单位最迟于每月 30 日将所有计量申报材料录入和提交;监理、项目建设单位应在审核、审批当日实时提交审核、审批情况。
2　施工单位应在发生专业、劳务分包后的 3 个工作日内将相关信息及合同录入系统。
3　各参建单位原则上应使用与一体化平台配套的档案管理子系统开展档案管理工作,及时定期收集和整理档案信息,确保电子档案与纸质档案保持一致。

5.4.4　人员信息的管理应符合下列要求:
1　施工单位的项目经理、总工或监理单位专监以上人员发生变更的,施工单位或监理单位应在建设单位批准变更后的 3 个工作日内更新。

2 各合同段应根据农民工进、退场情况,及时更新农民工花名册,并最迟在每月 30 日前将当月农民工工资发放资料,按一体化平台格式要求录入和提交。

5.4.5 工地党建数据的管理:工地党建相关活动、新闻等动态信息,在活动结束后 3 天内更新。每个项目每月相关动态不少于 1 篇。按时完成平台发布的相关学习内容。

5.4.6 物料管理数据的管理应符合下列要求:
1 应使用平台开展物料出入库管理,在物料入库及领用时就完成信息登记。
2 如使用项目自建的物料管理系统则应将数据实时接入一体化平台。

5.4.7 设备管理数据的管理:应及时如实填报设备基础信息、设备变化信息、设备维护信息、特种设备信息,在设备信息发生变化后当天应修改数据。

5.4.8 进度管理数据的管理应符合下列要求:
1 进度计划数据:施工单位的年度计划最迟在上一年的 12 月 30 日录入和提交,季度计划最迟在上个季度最后一个月的 30 日录入和提交,月度计划最迟在上个月 27 日录入和提交;监理、项目业应在审核、审批当日实时提交审核、审批情况。
2 进度统计数据:施工单位的月进度数据最迟在该月的 28 日录入和提交;总监办应在该月 30 日前完成所管辖各合同段提交的月进度数据的审核并提交;建设单位应于次月 3 日前审定该月的月进度数据并发布。反映主要结构物工程进展的图片资料每半个月上传更新一次,上传更新时间分别为每月的 11 日、26 日。
3 月报信息:施工月报的最迟上传时间为每月 28 日,监理月报的最迟上传时间为每月 30 日,项目建设单位工程月报的最迟上传时间为次月 3 日。
4 项目建设单位、施工监理单位的领导、主要管理人员应定期或不定期地通过视频监控系统检查施工状况,充分发挥监控信息在进度、质量、安全和标准化管理等方面的监督作用。

5.4.9 质量管理数据的管理:混凝土拌和、沥青拌和数据应自动实时上传至一体化平台;预应力张拉数据应在每片预制梁张拉完成后自动上传至一体化平台;工地试验室报告应在检测完成的当天签发并上传至一体化平台。梁片二维码信息应及时更新,并与预应力张拉数据、混凝土拌和数据、水泥试验等关联引用。工序报验、界面移交等工作应使用一体化平台 App 开展,相关计量工作应在报验工作结束后进行。

5.4.10 安全管理数据的管理:质量、安全检查、整改通知及整改反馈原则上均使用与一体化平台配套的安全管理子系统开展;对于不具备条件使用平台的情况,现场检查发现问题并发出整改要求后,整改通知信息应在文件(或通知书等)形成后两个工作日之内录入和提交,对整改的反馈也照此办理。整改通知的录入责任单位原则上应为通知发文单位(省、市交通主管部门和其他管理部门发出的整改通知由项目建设单位录入);整改反馈的录入责任单位为被要求整改的责任单位。

5.4.11 绿色管理数据的管理:各项目建设的与生产环境监测、节能减排控制相关的监测系统和预警信息应接入一体化平台。其他与绿色管理相关的数据应按要求及时录入一体化平台。

5.4.12 数字模型数据的管理:各单位应及时收集和上传项目开展过程中利用航拍、BIM、倾斜摄影等各类技术制作的数字模型,并将成果及数据接入一体化平台,形成统一应用。

5.5 预警处理

5.5.1 施工单位应明确各专业模块不同预警级别预警信息接收人,并确保能够及时接收预警信息。

5.5.2 对接收到的预警信息进行验证和分析,确认其准确性和可信度。判断预警信息的紧急程度和影响范围。

5.5.3 根据预警信息和现场情况,及时采取措施解决问题,并记录问题解决的过程和结果。进行问题的根本原因分析,找出问题发生的原因并提出相应的整改措施。进行问题的跟踪和闭环处理,确保问题得到有效解决和整改。

5.5.4 定期总结分析问题出现的根本原因和改进措施,提高相关人员的技术能力。

5.6 日常维护

远程视频监控系统应配备完善的售后运营维护服务,要求技术服务商成立专业运维服务小组,实时跟踪各在建项目远程视频监控系统运行状况,及时排查解决系统故障,降低系统故障对正常生产活动的影响。

5.7 突发事件处置

5.7.1 各参建单位视频监控点位需要停电或突发性停电,应及时向项目建设单位系统管理员报告,并尽快恢复供电。

5.7.2 各参建单位若发现摄像头或线路异常、故障,应及时向项目建设单位系统管理员报告,并及时联系维护单位给予解决。

5.7.3 各物联网采集设备出现设备故障、网络通信故障、电路故障时,应及时向项目建设单位系统管理员报告,并及时联系系统实施单位给予解决。

5.7.4 各故障响应时间为60min,普通故障在6h内修复,重大故障在24h内修复。若设备故障24h内无法排除,应提供同等配置的备用设备确保系统正常工作。

5.7.5 一体化平台数据如因技术性原因导致的异常,可由相关单位报项目建设单位审核修改,并形成相关数据修改说明材料留档记录。

5.8 监督考核

5.8.1 项目建设单位应对照《福建省高速公路一体化平台建设及使用考核表》并结合本项目特色,制定本项目信息化建设考核方法和标准,促进信息化工作的持续改进。将各参建单位一体化平台每月应用情况纳入工地例会进行分析、通报、总结;加强巡查,督促各参建单位及时处理预警信息,查明原因,落实整改。

5.8.2 项目建设单位应定期对各参建单位违反管理办法的行为及一体化平台应用情况进行通报,并按违约实施细则进行违约处罚,通报情况将列入各参建单位的年度信用考核及劳动竞赛的综合考评。

5.9 设备下线申请

5.9.1 提交申请:设备管理单位向建设单位或监理提交设备退场申请。申请中应包括设备名称、型号等基本信息,明确退场原因和退场时间。

5.9.2 评估和审批:建设单位或监理对设备退场申请进行评估和审批。评估内容包括设备的实际使用情况、退场原因和退场时间等。

5.9.3 通知相关方:在获得批准后、设备退场前,应及时通知工程相关方,告知退场时间,以便做好调整和安排。

5.9.4 设备清理和移除:退场前,进行设备的必要清理和检查工作。清理工作包括设备的停止使用、断开电源、取下关键部件等。设备管理部门应制定清理标准和程序,确保设备退场后的整洁和安全。

5.9.5 归档备案:设备管理单位应在一体化平台登记设备退场相关的记录。

5.10 数据归档

5.10.1 数据备份策略:制定合理的数据备份策略,包括全量备份和增量备份的频率和时间节点。根据不同数据的重要性和敏感程度,设定备份级别和存储介质,确保备份数据的完整性和可靠性。

5.10.2 存储介质选择:选择稳定可靠的存储介质,如磁带库、硬盘阵列等,确保能够长期保存数据,并预防数据损坏和丢失的风险。

5.10.3 数据完整性验证:在归档过程中,应进行数据完整性验证,确保归档数据与源数据的一致性。可以采用哈希算法或其他验证机制进行数据完整性校验。

5.10.4 存储空间管理:制定合理的存储空间管理政策,包括数据压缩、去重和存储容量的规划。及时清理和回收不再需要的归档数据,确保存储空间的充足和有效利用。

5.10.5 存储设备养护:保养存储设备,定期进行设备检查和维护。确保存储设备的正常运行和数据访问的可用性。

5.10.6 定期恢复测试:定期进行数据恢复测试,验证备份数据的可用性和准确性。及时修复备份故障和异常,保证能够顺利恢复数据。

5.10.7 数据归档策略:制定数据归档策略,包括归档数据的分类、保留期限和归档流程。根据法律法规和业务需求,明确数据的保存要求和归档周期。

附录 A 建设一体化平台及项目自建子系统界面划分

表 A 建设一体化平台及项目自建子系统界面划分

一体化平台功能体系			建设需求			建设要求	界面划分
一级指标	二级指标	三级指标	软件	硬件	安装调试		
综合管理	基础信息	项目基础数据管理	√	—	√	基本项	软件功能使用一体化平台提供功能,涉及二维码标牌制作及安装由项目建设
		标段基础数据管理	√	—	√	基本项	
		桥梁、隧道、服务区、出入口基础数据管理	√	—	√	基本项	
		分部分项工程管理	√	—	√	基本项	
		分部分项工序管理	√	—	√	基本项	
		机电设备基础数据管理	√	√	√	基本项	
	组织管理	组织架构管理	√	—	√	基本项	使用一体化平台提供功能
		权限管理	√	—	√	基本项	
	协同办公	收文管理	√	—	√	基本项	各单位内部 OA 管理系统由各单位建设;涉及参建单位之间公文交换等功能使用与一体化平台配套的协同管理子系统功能
		发文管理	√	—	√	基本项	
		工程报审	√	—	√	基本项	
		报表报审	√	—	√	基本项	
		个人工作台	√	—	√	基本项	
		通知公告	√	—	√	基本项	
		统计分析	√	—	√	基本项	
	合同管理	合同管理	√	—	√	基本项	项目配套建设的系统应与一体化平台对接
		计量支付管理	√	—	√	基本项	
	工程内业管理	工序管理	√	—	√	基本项	
		质量检测	√	—	√	基本项	
		中间检验	√	—	√	基本项	
		检验认可	√	—	√	基本项	
		质量评定	√	—	√	基本项	
		图纸管理	√	—	√	可选项	
		电子文档管理	√	—	√	基本项	
		档案录入	√	—	√	基本项	

附录 A 建设一体化平台及项目自建子系统界面划分

续上表

一体化平台功能体系			建设需求			建设要求	界面划分
一级指标	二级指标	三级指标	软件	硬件	安装调试		
综合管理	工程内业管理	库房管理	√	—	√	可选项	项目配套建设的系统应与一体化平台对接
		借阅与统计	√	—	√	可选项	
工地党建		组织管理	√	—	√	基本项	使用一体化平台提供功能
		学习管理	√	—	√	基本项	
		活动管理	√	—	√	基本项	
		宣传管理	√	—	√	基本项	
人员管理		人员信息管理	√	—	√	基本项	使用一体化平台提供功能
		考勤管理	√	√	√	可选项	项目配套建设的系统应与一体化平台对接或人工录入相关数据
		门禁管理	√	√	√	可选项	
		劳务管理	√	√	√	基本项	
		人员定位	√	√	√	可选项	
		培训教育	√	—	√	基本项	项目配套建设的系统应与一体化平台对接或人工录入相关数据
		人员履约	√	—	√	基本项	使用一体化平台提供功能
		人员资质	√	—	√	基本项	
		人员异常预警	√	—	√	基本项	
		统计分析	√	—	√	基本项	
物料管理		物料出入库管理	√	—	√	基本项	项目配套建设的系统应与一体化平台对接或人工录入相关数据
		物料统计分析	√	√	√	基本项	
		不合格物料查询	√	—	√	基本项	
设备管理		设备二维码	√	—	√	基本项	基本项软件功能使用平台提供功能，涉及硬件的由项目负责建设。可选项由项目根据实际需要建设
		设备电子标签	√	√	√	可选项	
		车辆门禁	√	√	√	可选项	
		进出场管理	√	√	√	可选项	
		设备清单	√	—	√	基本项	
		特种设备管理	√	√	√	基本项	
		设备异常预警	√	√	√	基本项	
		设备统计分析	√	√	√	基本项	
进度管理		前期工作进度管理	√	—	√	基本项	软件功能使用平台提供功能；航拍及AI（人工智能）识别等拓展进度管理功能由项目负责，数据接入一体化平台
		投资进度管理	√	—	√	基本项	
		形象进度管理	√	—	√	基本项	
		工程变更管理	√	—	√	基本项	

续上表

一级指标	二级指标	一体化平台功能体系 三级指标	建设需求 软件	建设需求 硬件	建设需求 安装调试	建设要求	界面划分
质量管理	施工工艺控制	工序管理 界面验收	√	—	√	基本项	项目配套建设的系统应与一体化平台对接或人工录入相关数据
质量管理	施工工艺控制	工序管理 关键工序影像留存	√	—	√	基本项	项目配套建设的系统应与一体化平台对接或人工录入相关数据
质量管理	施工工艺控制	路基工程 路基坑工结构物管控	√	—	√	可选项	
质量管理	施工工艺控制	路基工程 路基锚固结构管控	√	—	√	可选项	
质量管理	施工工艺控制	路基工程 路基智能压实管控	√	—	√	可选项	
质量管理	施工工艺控制	路基工程 路基沉降观测	√	—	√	可选项	
质量管理	施工工艺控制	路基工程 路基边坡监测	√	—	√	可选项	
质量管理	施工工艺控制	路基工程 拌和生产管控	√	—	√	基本项	
质量管理	施工工艺控制	路基工程 运输管控	√	—	√	可选项	
质量管理	施工工艺控制	桥梁工程 拌和生产管控	√	—	√	基本项	
质量管理	施工工艺控制	桥梁工程 运输管控	√	—	√	可选项	
质量管理	施工工艺控制	桥梁工程 智能预制场管控（钢筋、布料）	√	—	√	可选项	
质量管理	施工工艺控制	桥梁工程 智能压浆管控	√	—	√	基本项	涉及信息填报的使用平台提供功能；涉及自动化监测、监控、定制化的功能由项目建设，结果数据自动接入平台，禁止通过第三方平台后再转发至一体化平台
质量管理	施工工艺控制	桥梁工程 智能张拉管控	√	—	√	基本项	涉及信息填报的使用平台提供功能；涉及自动化监测、监控、定制化的功能由项目建设，结果数据自动接入平台，禁止通过第三方平台后再转发至一体化平台
质量管理	施工工艺控制	桥梁工程 智能养护管控	√	—	√	可选项	涉及信息填报的使用平台提供功能；涉及自动化监测、监控、定制化的功能由项目建设，结果数据自动接入平台，禁止通过第三方平台后再转发至一体化平台
质量管理	施工工艺控制	桥梁工程 桥梁身份管控	√	—	√	基本项	涉及信息填报的使用平台提供功能；涉及自动化监测、监控、定制化的功能由项目建设，结果数据自动接入平台，禁止通过第三方平台后再转发至一体化平台
质量管理	施工工艺控制	隧道工程 开挖现场管理	√	—	√	可选项	
质量管理	施工工艺控制	隧道工程 出渣与运输管控	√	—	√	可选项	
质量管理	施工工艺控制	隧道工程 施工自动化监测	√	—	√	可选项	
质量管理	施工工艺控制	隧道工程 超前地质预报管控	√	—	√	可选项	
质量管理	施工工艺控制	路面工程 拌和生产管控	√	—	√	基本项	
质量管理	施工工艺控制	路面工程 混合料运输管控	√	—	√	基本项	
质量管理	施工工艺控制	路面工程 摊铺管控	√	—	√	基本项	
质量管理	施工工艺控制	路面工程 碾压管控	√	—	√	基本项	
质量管理	施工工艺控制	绿化工程 苗木规格	√	—	√	可选项	
质量管理	施工工艺控制	绿化工程 苗木存活率监管	√	—	√	可选项	
质量管理	施工工艺控制	交安工程 原材料质量管理	√	—	√	可选项	
质量管理	施工工艺控制	交安工程 现场施工工艺管理	√	—	√	可选项	
质量管理	施工工艺控制	房建工程 原材料质量管理	√	—	√	可选项	
质量管理	施工工艺控制	房建工程 实体质量管理	√	—	√	可选项	
质量管理	施工工艺控制	机电工程 设备材料质量管理	√	—	√	基本项	使用一体化平台提供功能
质量管理	施工工艺控制	机电工程 设备安装工艺管理	√	—	√	基本项	使用一体化平台提供功能

附录 A　建设一体化平台及项目自建子系统界面划分

续上表

一体化平台功能体系			建设需求			建设要求	界面划分
一级指标	二级指标	三级指标	软件	硬件	安装调试		
质量管理	施工工艺控制	机电工程	调试质量管理	√	—	√	基本项	使用一体化平台提供功能
	试验检测管控（智慧试验室）	钢筋力学试验	√	√	√	基本项	过程功能使用项目自建的智慧试验室系统,结果数据传输至一体化平台。自动化采集的原始数据需从设备端,直接同步接入一体化平台,禁止通过第三方平台后再转发至一体化平台
		水泥基础试验	√	√	√	基本项	
		水泥混凝土力学试验	√	√	√	基本项	
		沥青基础试验(含红外光谱试验)	√	√	√	基本项	
		沥青混合料试验	√	√	√	基本项	
		孔道压浆饱满度试验	√	√	√	可选项	
	其他信息化、智慧化		√	√	√	可选项	各项目根据实际需要建设,数据或系统集成至一体化平台
安全管理	基础安全管理		√	—	√	基本项	基础安全功能使用平台提供功能;涉及硬件及数据采集类功能由项目建设,数据接入一体化平台。重要风险源监控、监测根据该高危工程专项评估方案确定是否实施,由项目建设,数据接入一体化平台
	风险源管理		√	—	√	基本项	
	危大工程管控		√	√	√	基本项	
	重要风险源监控监测		√	√	√	可选项	
	视频监控管理		√	√	√	基本项	
	通航安全管理		√	√	√	可选项	
绿色管理	扬尘监测		√	√	√	可选项	由项目根据实际需求建设,将相关数据接入一体化平台
	噪声监测		√	√	√	可选项	
	水质监测		√	√	√	可选项	
	尾气监测		√	√	√	可选项	
	能耗监管		√	√	√	可选项	
态势分析	工程进度态势分析		√	—	√	基本项	使用一体化平台提供功能
	工程质量态势分析		√	—	√	基本项	
	工程安全态势分析		√	—	√	基本项	
数字模型管理	BIM 系统		√	—	√	可选项	由项目根据实际需求建设,相关子系统集成至一体化平台。一体化平台向其开放本项目其他数据接口,提供相关数据
	施工模拟		√	—	√	可选项	
	进度管理		√	√	√	可选项	
	质量可视化管理		√	—	√	可选项	
	安全可视化管理		√	—	√	可选项	

注:"√"代表需要建设,"—"代表无需建设。

附录 B 远程视频监控系统建设要求

B.0.1 各监控点应能监视室内作业状况和室外施工现场进展全貌。

B.0.2 视频字符叠加应规范设置,并符合下列要求：

1 字体采用宋体,720P 分辨率视频字体点阵 48×48/个,1080P 分辨率视频字体点阵 64×64/个。

2 时间格式为"年-月-日 时:分:秒",采用 24 小时制。

3 视频字符叠加位置规定:从图像算起,第一行左上角位置叠加汉字,第一行右上角位置叠加时间。

4 字符叠加设备应具备 NTP 自动校时功能。

5 摄像头信息按"地市 路段 标段 安装位置 编号"格式命名,如"宁德京台 A1 标 2 号拌和站 01"。

B.0.3 摄像机均采用遥控高清摄像机,并符合下列要求:分辨率(中央水平)≥800,分辨率(中央垂直)≥650;动态范围:灰阶数(D65,20 阶)≥17;低照度灰阶识别能力:灰阶数(0.1Lux)≥11;噪点值≤2%;云台转动:0~360°连续水平转动,垂直倾斜+20~-90无阻碍;水平转速:水平键控速度 0.1~240s^{-1};垂直转速:垂直键控速度 0.1~160s^{-1};光学变焦≥30 倍、电子变焦≥12 倍;色彩还原:色彩偏离值(最大)≤20;时延≤300ms;支持 onvif 协议;主码流(M)平均值为 2Mbps;子码流(M)平均值为 512Kbps;视频压缩标准和格式:RTP+H.264;自动白平衡,具有背景光自动补偿功能,自动光圈,自动聚焦;防护罩应密封;防护等级 IP65;通信接口及速率:RJ45,10M/100M。

B.0.4 硬盘录像机(视频存储设备):监视图像质量 PAL 制;录像速度:每路支持全实时录像,25 帧/s(可调),图像、声音同步记录;具备 NTP 校时,DDNS 高级网络功能,可自动校时,与时钟服务保持时钟同步;图像采用 D1 分辨率存储。硬盘容量应满足存储至少 10 天视频、音频图像,并预留足够空间;码流:支持双码流功能,支持复合流/视频流的码流类型;支持 onvif 协议;主码流(M)码率平均值为 2Mbit/s;子码流码率(M)平均值为 512kbit/s;视频压缩标准和格式:RTP+H.264;通信接口:RJ45,RS232/485;USB 接口;视频录像与回放,视频实况播放,云台控制,媒体流转发、分发,设备管理,用户权限管理功能。

B.0.5 摄像机立柱顶端应设置避雷针,避雷针长度应保证摄像机位于保护范围内,并不妨碍摄像机的日常转动和监视;配备电源防雷器、视频防雷器、信号防雷器等保护装置。

B.0.6 视频监控联网的网络视频编码设备及远程视频监控平台软件建设必须符合现行《高速公路 高清视频监控设备及平台互联技术规范标准》(DB35/T 1532)要求,并通过联网测试。

B.0.7 远程视频监控软件应符合下列要求：
   1 录像查询检索、播放控制、下载、上传、即时回放、录像备份,录像能转发到省高指远程视频监控平台。
   2 支持视频实况播放,云台控制,实况媒体流能分发给省高指远程视频监控平台。
   3 支持设备本地管理,在线、离线状态变更时能及时同步给省高指远程视频监控平台。
   4 支持视频监控设备应与路段远程视频监控软件服务器时钟同步,路段远程视频监控平台软件应与省高指远程视频监控平台时钟同步。
   5 支持移动客户端实时浏览、回放录像功能。
   6 支持监控设备不在线短信通知等功能。
   7 支持用户权限管理。

B.0.8 省高指远程视频监控平台控制路段远程视频监控平台软件时,摄像机云台转动响应时间应小于1s。

B.0.9 应提供各路段本地实时监控,上传省级视频监控软件16路主码流视频的同时播放,16路子码流的移动客户端同时播放。

B.0.10 远程视频监控平台软件应同时支持不少于30个用户共享同一账号登陆使用方式,并支持特定登录用户永久稳定链接方式。

B.0.11 应提供一套完整的安全防范措施,防止系统外部成员的非法入侵以及操作人员的越级操作,避免遭受攻击。

附录 C 工地实验室设备改造联网配套业务软件的基本要求

C.0.1　应至少具备以下功能:样品登记、检验、校核、审批、报告打印、人员管理、角色与权限管理、设备管理、检验业务统计等。

C.0.2　检测数据应在检测仪器上生成后由自动采集系统进行数据存储,不得留存人工录入或虚拟设备的数据接口。

C.0.3　针对试验结论数据、即时试验数据、修改日志等重要信息应经过加密(如MD5或RSA电子签名技术)后方可进行存储备份与远程传输。

C.0.4　试验数据一旦生成应即时通过互联网传输至省高指系统服务器,同时自动进行本地数据备份,系统具备检测机构的备份数据与省高指系统服务器数据的比对功能。

C.0.5　系统应采用大型数据库(如Oracle)作为数据库系统。数据库传输密码应有加密方式(如MD5或RSA电子签名技术),不得在程序源代码与数据库中体现密码明码。

C.0.6　应具备远程即时数据传输功能,传输的内容应包含样品信息、力值时点数据采集信息、数据修改日志信息等,检测数据的传输格式应保证能与省高指系统服务器数据库兼容。

C.0.7　应具备智能客户端功能,即智能侦测网络状态,网络不畅时能即时保存数据,网络一旦畅通能即时传输数据。

C.0.8　应设定检测信息的访问角色与权限,非正常的修改应经过授权,系统应自动记录任何修改日志,日志内容包含样品编号、修改前的值、修改后的值、修改人员、授权人员、修改时间、机器名称等信息;修改日志一旦生成应即时传输至省高指系统服务器,并以相应变色或弹出窗体等提醒方式显示被修改的样品。

C.0.9　应具有良好的可扩展性和适应性,能通过对检验标准的数据定义不断增加新标准,并能保留完整的历史数据。

C.0.10 应具备从数据库中存储的时点数据自动生成力值曲线的功能,力值曲线由采集时间和数值组成二维曲线图,可进行相应放大或缩小,并且能显示瞬时值。

C.0.11 权限设定应满足系统菜单权限、系统等级权限、检测项目权限三个方面的权限要求,并能根据不同权限进行设定。

C.0.12 检测记录和报告格式应满足交通行业建设相关文件的要求。记录、报告的格式与数据应由系统程序自动生成,而不得采用显式的文本编辑软件(如 Word)生成。

附录 D 桥梁构件信息表格式

表 D.1 预制梁片信息表

属性名称	属性值	属性名称	属性值
项目名称		所属地市	
标段名称		桥梁名称	
业主单位			
承建单位		所属施工标段	
监理单位		所属监理标段	
检测单位		所属检测标段	
梁片设计跨度(m)		梁片设计重量(t)	
混凝土设计强度(MPa)		混凝土实测强度(MPa)	
混凝土张拉弹性模量(MPa)		保护层设计厚度(mm)	
钢筋设计间距(mm)		梁段长度理论值(mm)	
箱梁顶宽理论值(mm)		箱梁底宽度理论值(mm)	
箱梁高度理论值(mm)		其他梁、板翼缘宽度理论值(mm)	
其他梁、板高度理论值(mm)		顶板厚理论值(mm)	
底板厚理论值(mm)		腹板厚理论值(mm)	
梁肋厚理论值(mm)		梁型	
混凝土实测弹性模量(MPa)		钢绞线规格与每束根数	
钢绞线总束数		张拉力(kN)	
体系转换时间(Y-M-D)		跨中实测起拱度(mm)	
预应力钢绞线厂家		锚具型号	
锚具厂家		浇筑时间(Y-M-D)	
张拉时间(Y-M-D)		架设时间(Y-M-D)	
混凝土浇筑班组长		身份证号	
预应力张拉班组长		身份证号	
钢筋绑扎班组长		身份证号	
试块检测人员		身份证号	
桥梁专业监理工程师		身份证号	
设计图纸链接			

附录 D 桥梁构件信息表格式

表 D.2 桥梁支座信息表

属性名称	属性值	属性名称	属性值
项目名称		所属地市	
标段名称		桥梁名称	
业主单位			
承建单位		所属施工标段	
监理单位		所属监理标段	
检测单位		所属检测标段	
支座编码		支座类型	
支座尺寸(长×宽×高:cm)		容许荷载(kN)(竖向/纵向/侧向)	
横桥向容许最大位移(cm)		纵桥向容许最大位移(cm)	
安装日期(Y-M-D)		安装温度(℃)	
生产厂家			
安装班组长		身份证号	
桥梁专业监理工程师		身份证号	
支座检测人员		身份证号	
支座相关图纸链接			

表 D.3 桥梁伸缩缝信息表

属性名称	属性值	属性名称	属性值
项目名称		所属地市	
标段名称		桥梁名称	
业主单位			
承建单位		所属施工标段	
监理单位		所属监理标段	
检测单位		所属检测标段	
伸缩缝编码		伸缩缝类型	
缝宽(cm)		主要技术指标	
安装日期(Y-M-D)		安装温度(℃)	
生产厂家			
安装班组长		身份证号	
桥梁专业监理工程师		身份证号	
伸缩缝检测人员		身份证号	
伸缩缝相关图纸链接			

附录 E 桥梁构件二维码信息编号规则说明

E.0.1 预制梁片编号规则：由"地区-项目名称-桥梁名称-梁片标识符-标准化指南梁片编号"，以福州长福高速龙江特大桥左幅第三跨第一片梁为例，其编号为：FZ-CFGS-LJTDQ-BEAM-L3-1。预制梁片编号示意如图 E.0.1 所示。

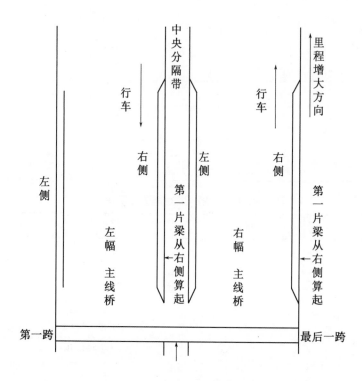

图 E.0.1 预制梁片编号示意图

E.0.2 桥梁支座编号规则：由"地区-高速名称-项目名称-支座标识符-支座序号"组成，以福州长福高速龙江特大桥左幅第三联 1 号支座为例，其编号为 FZ-CFGS-LJTDQ-BEARING-L3-1。桥梁支座编号示意如图 E.0.2 所示。

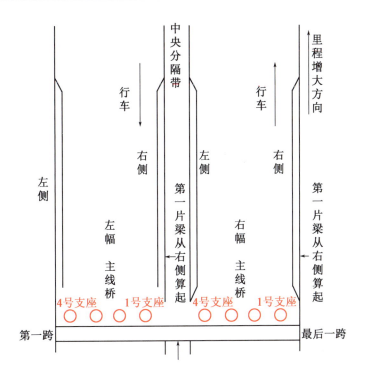

图 E.0.2　桥梁支座编号示意图

E.0.3　桥梁伸缩缝编号规则：由"地区-高速名称-项目名称-伸缩缝标识符-伸缩缝序号"组成，以福州长福高速龙江特大桥左幅第三联1号伸缩缝为例，其编号为 FZ-CFGS-LJTDQ-JOINT-L3-1。桥梁伸缩缝编号示意如图 E.0.3 所示。

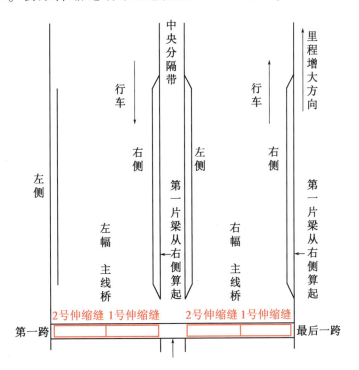

图 E.0.3　桥梁伸缩缝编号示意图